JN426420

기초

법무부 사회통합프로그램(KIIP)

한국어와 한국문화

국립국어원 기획
이미혜 외 집필

Hawoo Publishing Inc.

발간사

2020년 9월호 법무부 출입국·외국인 통계월보에 따르면 국내 체류 외국인은 약 210만 명으로 2010년보다 2배 가까이 증가하였습니다. 그런데 주목할 점은 체류 외국인이 양적으로 증가하였을 뿐만 아니라 이들의 유형이 결혼 이민자를 비롯하여 근로자, 유학생, 중도 입국 자녀 등으로 점차 다양해졌다는 것입니다. 이러한 변화는 다양한 언어와 문화적 배경을 가진 구성원과의 '공존'의 중요성을 한국 사회에 알리는 동시에 '소통'의 과제를 던져 준다고 생각합니다.

이에 국립국어원에서는 한국에 온 외국인들이 체계적으로 한국어를 배워 한국 사회의 일원으로 능동적으로 생활하고, 사회 구성원 간의 의사소통이 더욱 원활할 수 있도록 지원하고 있습니다. 그리고 이를 위한 교육 내용을 연구하고, 한국어 교재를 발간하고 있습니다. 이번에 발간되는 ≪사회통합프로그램(KIIP) 한국어와 한국문화≫는 이러한 노력의 결실 중 하나라 할 수 있습니다.

이번 교재 개발에는 한국어 교육 및 사회·문화 교육 전문가가 집필자와 검토자로 참여하여 한국어와 한국 문화의 전문적 내용을 체계적이면서도 친근하게 구성하였습니다. 특히 '사회통합프로그램'을 총괄하는 법무부의 협조로 현장 요구 조사와 시범 적용을 실시하여 교사와 학습자의 의견을 폭넓게 반영하기 위해 노력하였습니다. 그리고 한국어 능력 향상뿐만 아니라 문화 다양성을 고려하여 내용을 구성하였으며, 풍부한 보조 자료를 제공함으로써 교사와 학습자가 손쉽게 활용할 수 있도록 하였습니다.

본 교재는 기초편 교재 1권, 초급 교재 2권, 중급 교재 2권의 5권으로 구성되며, 이 구성에 따라 학습자용 익힘책과 교사용 지도서가 본 교재와 함께 출간됩니다. 이와 함께 학습자용 유형별 보조 자료와 수업용 보조 자료를 별도로 제작하여 현장에서 손쉽게 사용할 수 있도록 제공하였습니다.

아무쪼록 이 교재가 사회통합프로그램에 참여하는 학습자들에게 한국어를 체계적이고 충실하게 익힐 수 있는 유용한 길잡이로 널리 활용되기를 바랍니다. 그래서 이 교재를 사용하는 이민자들이 한국 사회의 주체적인 구성원으로서 안정적인 생활을 영위하는 데 도움이 되기를 희망합니다.

끝으로 이 교재의 개발을 위해 최선의 노력을 기울여 주신 교재 개발진과 출판사 관계자 분들께 깊은 감사의 말씀을 드립니다.

2020년 12월

국립국어원장 소강춘

머리말

국내 체류 외국인의 수가 100만 명을 넘은 2007년을 기점으로 한국 사회는 다문화 사회의 도래를 대비하기 위해 제도적 준비를 해 왔습니다. 그중 이민 초기 정착 단계의 필수적인 지원 사항인 한국어 학습은 여러 부처에서 다양한 프로그램으로 운영되었는데, 2020년부터 법무부가 주관하는 사회통합프로그램으로 표준화되었습니다. 사회통합프로그램은 국내 체류 이민자를 대상으로 하는 '한국어와 한국문화', '한국사회이해' 교육 프로그램으로, 결혼 이민자와 근로자, 유학생 등 전문 인력, 중도 입국 자녀 등이 참여합니다. 2009년에 처음 시행된 이후 점점 성장하여, 현재 약 350개의 운영 기관에서 약 6만 명의 이민자들이 교육에 참여하고 있습니다.

이민자 대상의 한국어 교육에서 사회통합프로그램의 중요성이 커지면서 교육의 체계화와 효율화, 변화하는 사회 양상의 반영 등을 위해 교재 개발 연구가 진행되었고, 그 결과물이 ≪사회통합프로그램(KIIP) 한국어와 한국문화≫ 교재입니다. 이 교재의 특징은 다음과 같습니다.

첫째, 교재와 익힘책, 교사용 지도서, 기타 보조 자료로 구성되어 있습니다. 교실 수업에서 사용할 교재 이외에 교수·학습 효율성을 높이기 위해 학습 자료 일체를 개발하였습니다.

둘째, 교재는 사회통합프로그램 단계별 100시간 수업에 맞춰 구성했는데 이민자들이 한국 사회에 정착하는 과정에서 필요한 한국어와 한국문화 내용을 선정하여 살아있는 언어문화 교육이 되도록 했습니다. 특히 변화하는 한국 사회의 모습과 특징을 교재 전체에 다양한 소재로 사용했을 뿐만 아니라, 다양한 문화 주제를 통해 이민자들이 한국 사회를 이해하고 적응하는 데 도움을 주고자 했습니다. 그리고 결혼 이민자, 근로자, 유학생 등 전문 인력, 중도 입국 자녀들을 등장인물로 하여 한국 사람들과 함께 생각과 정보를 나누고, 공감하며 생활하는 모습을 담았습니다.

셋째, 익힘책은 이민자들이 자신의 학습 속도와 능력에 맞게 학습 내용을 복습하고 보완할 수 있도록 구성하였습니다. 교사들도 교실 상황에 맞춰서 융통성 있게 활용할 수 있을 것입니다.

넷째, 교사용 지도서와 기타 보조 자료는 교사들이 수업의 핵심 내용을 명료하게 파악하고 운용하도록 안내해 줄 것입니다. 또한 교사들의 필수적인 수업 준비 시간을 단축해 주는 대신에 교실 상황에 맞는 수업 설계에 시간을 투자할 수 있도록 도와줄 것입니다.

이민자용 한국어 교재는 단지 의사소통 능력을 길러 주는 역할만이 아니라 우리 사회의 진정한 '사회통합'을 이끄는 교재여야 합니다. 이 교재를 통해 이민자들의 사회통합프로그램 참여를 확대하고 교수·학습의 효율성을 높이기를 기대합니다. 또한 이민자의 사회 적응을 돕고 진정한 사회통합으로 나아가는 데 일조하기를 기대해 봅니다.

마지막으로 우리 사회 이민자 대상 한국어 교육을 위해 의미 있는 교재 개발 사업을 기획하고 지원해 주신 국립국어원 관계자 여러분께 감사드리며, 법무부 이민통합과 관계자분들께도 감사드립니다. 그리고 다양하고 새로운 시도를 통해 멋진 교재로 완성해 주신 하우 출판사 관계자분들께도 진심으로 감사드립니다. 원고를 고치고 다듬느라 오랫동안 소중한 일상을 돌보지 못한 연구진들께도 머리 숙여 감사의 마음을 전합니다.

2020년 12월
저자 대표 이미혜

일러두기

기초편은 한글, 모음과 자음, 받침과 유용한 표현으로 구성됩니다. '한글'은 한글의 특징을 간략히 소개한 부분입니다. '모음과 자음', '받침'은 학습 목표인 자모, 음절과 단어를 익히고 연습하는 부분입니다. '유용한 표현'은 인사말, 교실 수업에 필요한 간단한 표현을 익히는 부분입니다.

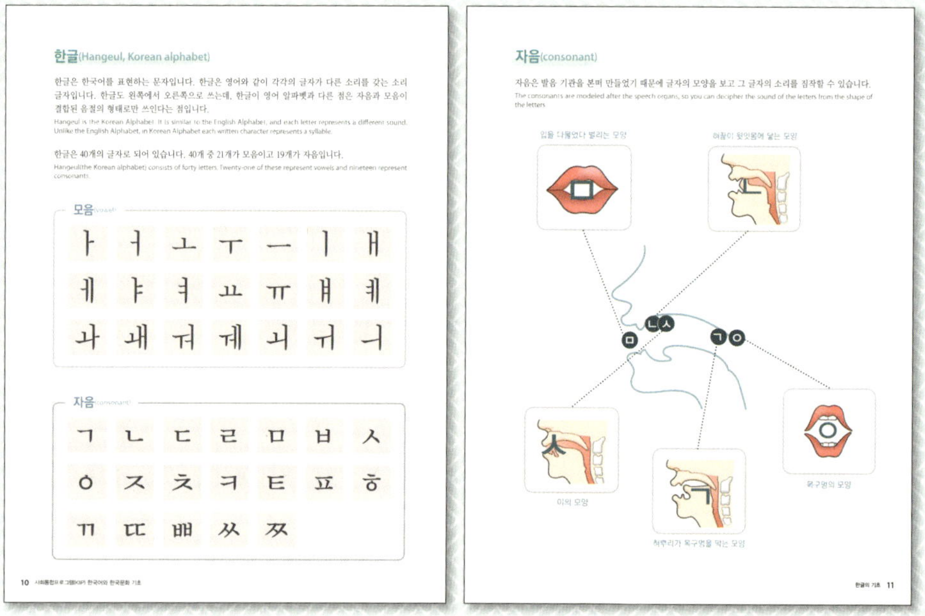

'모음과 자음', '받침' 단원에는 글자의 모양, 필순, 발음 등을 명시적으로 제시했습니다. 발음 녹음 자료는 큐아르 코드(QR 코드)를 활용해 편리하게 이용하도록 했습니다. 연습은 글자 읽기, 글자 듣고 변별하기, 단어 읽고 쓰기, 단어 듣고 쓰기 순서로 제시하여, 단계적으로 연습하도록 했으며, 읽기와 쓰기, 듣기와 쓰기를 모두 포함하여 반복 학습이 가능하도록 했습니다. 다양한 연습을 제시했으므로 교실 수업에서뿐만 아니라 연습용 익힘책으로 활용할 수 있습니다.

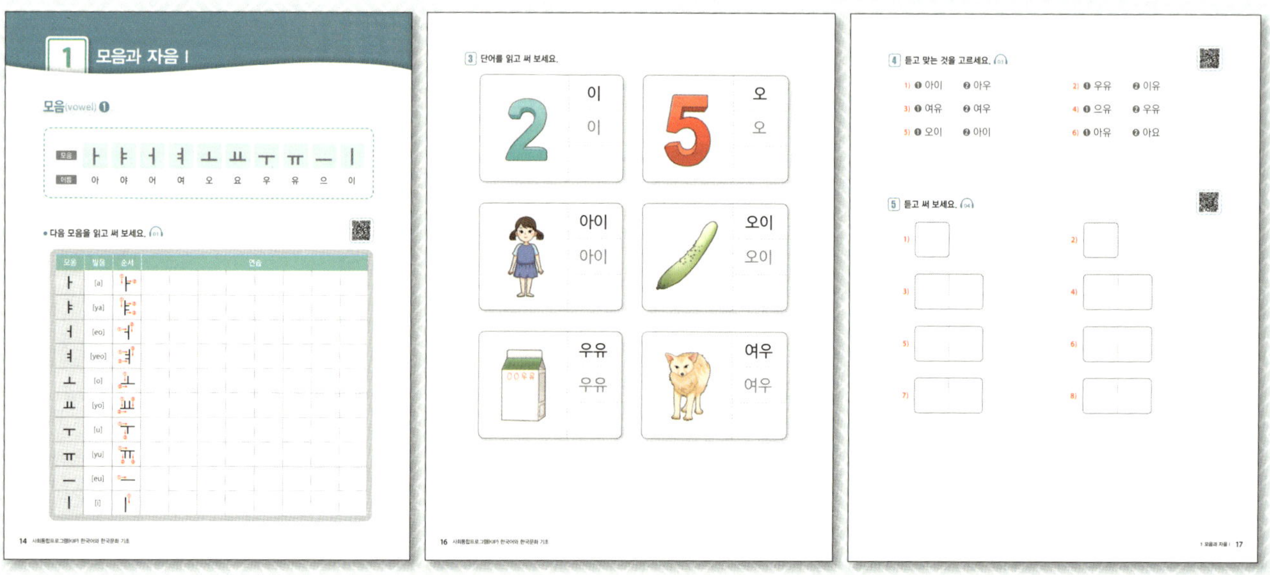

'유용한 표현' 단원에서는 인사말과 수업 관련 표현을 삽화와 함께 제시하고, 듣고 이해하기와 읽고 발음하기 연습에 중점을 두었습니다.

차례

한글의 기초

Esc
F1
F2
F3
F4
F5
F6
F7
F8
F9
F10
F11
F12
Backspace
Tab
Caps Lock
Shift
Ctrl
Alt
한자
한/영
Enter

한글(Hangeul, Korean alphabet)

한글은 한국어를 표현하는 문자입니다. 한글은 영어와 같이 각각의 글자가 다른 소리를 갖는 소리 글자입니다. 한글도 왼쪽에서 오른쪽으로 쓰는데, 한글이 영어 알파벳과 다른 점은 자음과 모음이 결합된 음절의 형태로만 쓰인다는 점입니다.

Hangeul is the Korean Alphabet. It is similar to the English Alphabet, and each letter represents a different sound. Unlike the English Alphabet, in Korean Alphabet each written character represents a syllable.

한글은 40개의 글자로 되어 있습니다. 40개 중 21개가 모음이고 19개가 자음입니다.

Hangeul(the Korean alphabet) consists of forty letters. Twenty-one of these represent vowels and nineteen represent consonants.

모음(vowel)

ㅏ	ㅓ	ㅗ	ㅜ	ㅡ	ㅣ	ㅐ
ㅔ	ㅑ	ㅕ	ㅛ	ㅠ	ㅒ	ㅖ
ㅘ	ㅙ	ㅝ	ㅞ	ㅚ	ㅟ	ㅢ

자음(consonant)

ㄱ	ㄴ	ㄷ	ㄹ	ㅁ	ㅂ	ㅅ
ㅇ	ㅈ	ㅊ	ㅋ	ㅌ	ㅍ	ㅎ
ㄲ	ㄸ	ㅃ	ㅆ	ㅉ		

자음(consonant)

자음은 발음 기관을 본떠 만들었기 때문에 글자의 모양을 보고 그 글자의 소리를 짐작할 수 있습니다.

The consonants are modeled after the speech organs, so you can decipher the sound of the letters from the shape of the letters.

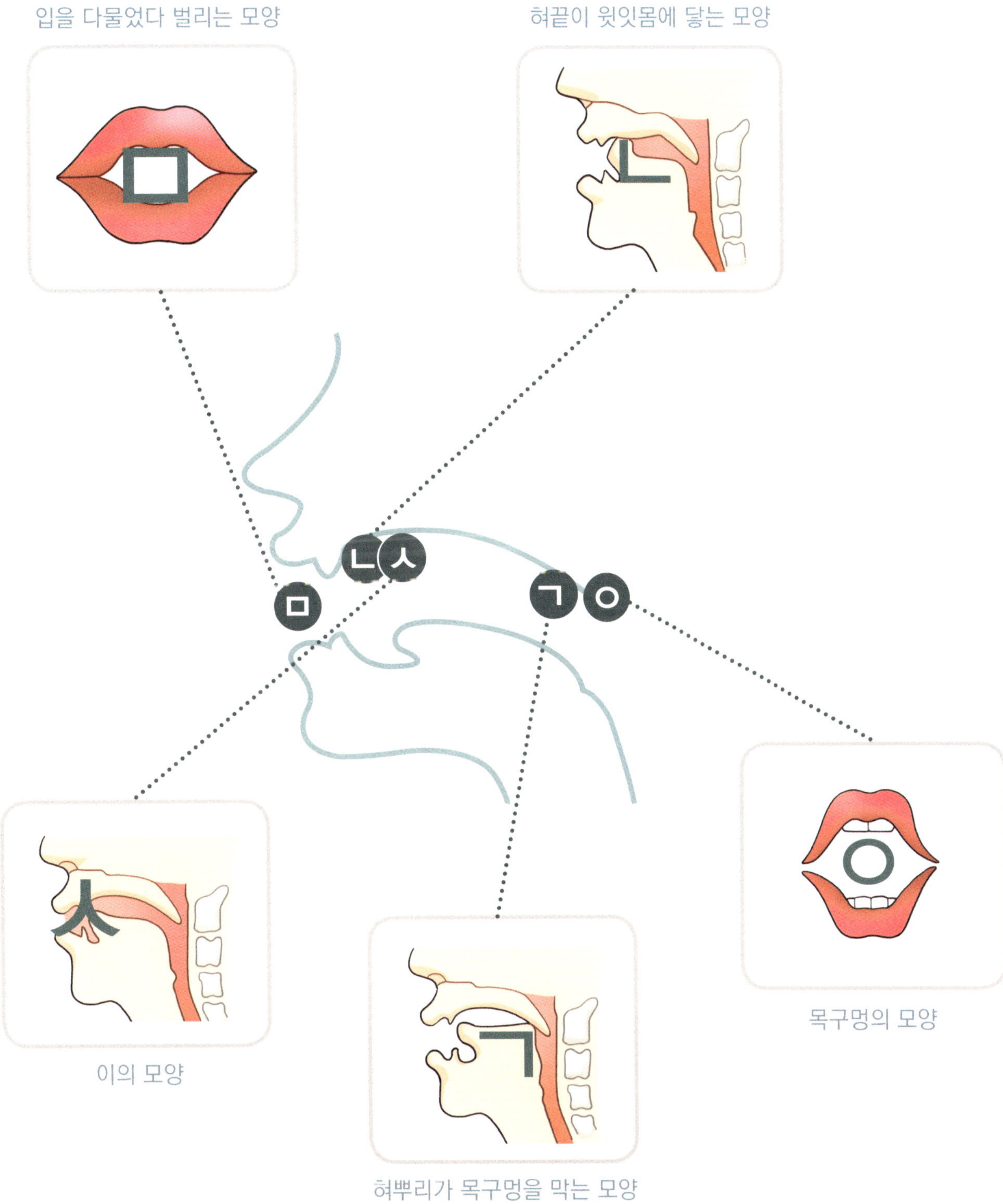

모음(vowel)

모음은 둥근 하늘, 평평한 땅, 서 있는 사람의 모양을 나타내는 천(•), 지(ㅡ), 인(ㅣ)을 결합하여 만들었습니다. 예를 들어 ㅏ는 인(ㅣ)과 천(•)을 결합하여 만든 것입니다.

The vowels are made by combining a shape '•' that resembles a round shape in the sky, a shape that resembles a flat shape on the ground 'ㅡ,' and a shape 'ㅣ' that resembles a human standing. For example, ㅏ is a combination of ㅣ and •.

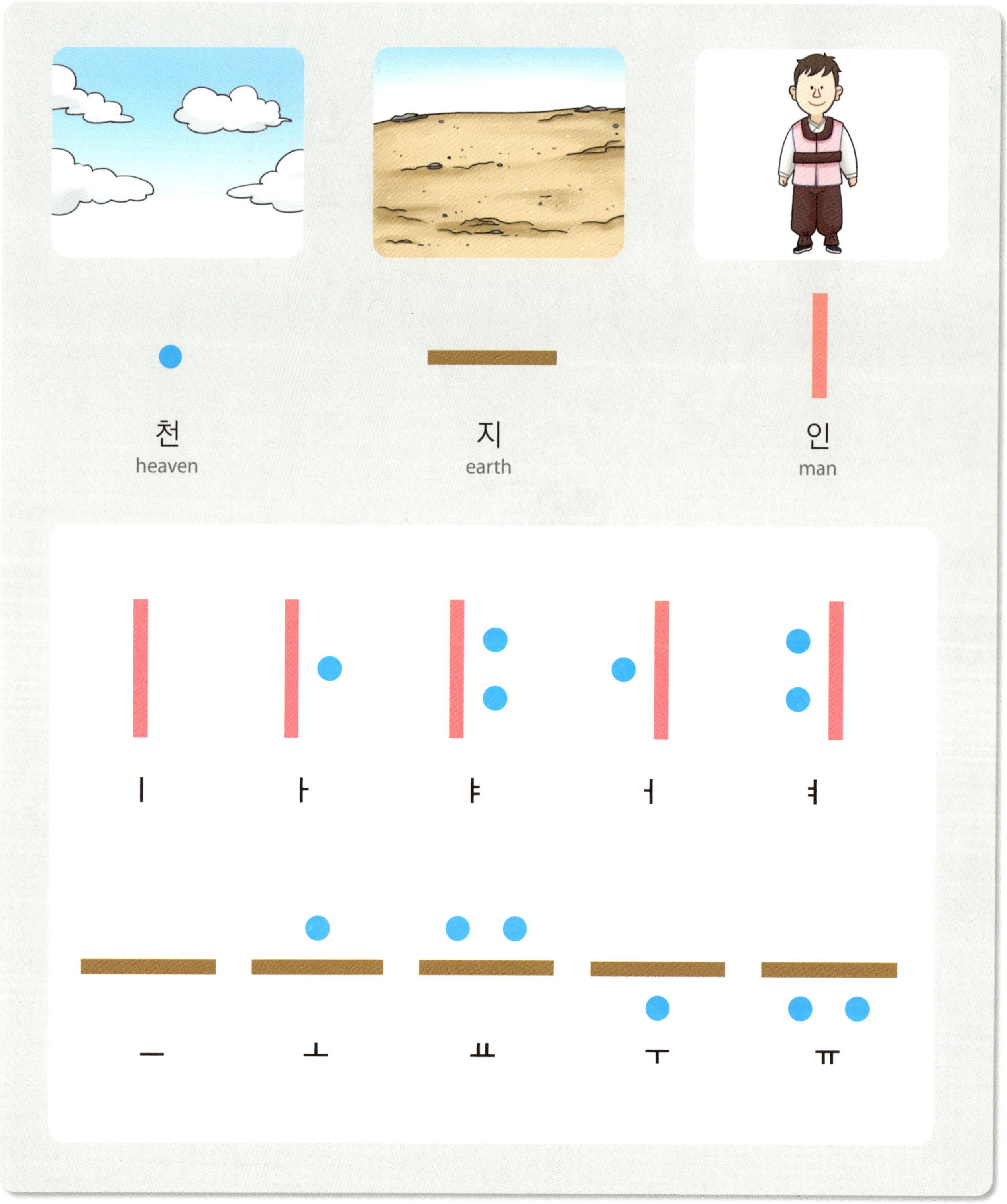

음절(syllable)

한글은 자음이나 모음 하나만으로는 쓰이지 않고, 음절의 형태로 쓰입니다. 음절이란 한글 자모 첫소리와 가운뎃소리 글자, 또는 첫소리, 가운뎃소리, 끝소리 글자로 이루어진 한글의 단위를 말합니다. 음절을 구성하는 방식은 네 가지가 있습니다.

Hangul isn't written as a series of individual vowels or consonants; rather, it's composed of syllabic units. These syllables, which form the basic building blocks of written Korean, are composed of an initial character, a medial character, and (sometimes) a final character. There are four ways that these various components can be combined to form a syllabic unit.

V	아	와	왜	CV	가	보	뛰
CVC	낙	불	꽝	VC	얼	움	은

각 글자는 아래의 그림과 같이 하나의 네모 안에 잘 들어가도록 써야 하고 글자는 왼쪽에서 오른쪽, 그리고 위에서 아래의 방향으로 써야 합니다.

As illustrated in the following diagram, the individual letters are arranged and proportioned to fit neatly into a square box, and are always write from left to right, then top to bottom.

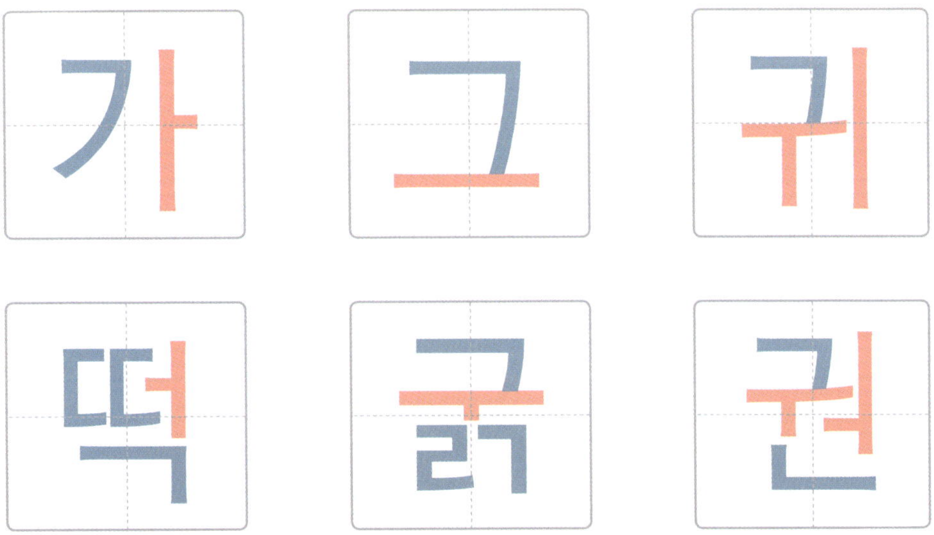

1 모음과 자음 I

모음(vowel) ①

모음	ㅏ	ㅑ	ㅓ	ㅕ	ㅗ	ㅛ	ㅜ	ㅠ	ㅡ	ㅣ
이름	아	야	어	여	오	요	우	유	으	이

● 다음 모음을 읽고 써 보세요. 01

모음	발음	순서	연습							
ㅏ	[a]	①↓ ②→								
ㅑ	[ya]	①↓ ②→ ③→								
ㅓ	[eo]	①→ ②↓								
ㅕ	[yeo]	①→ ②→ ③↓								
ㅗ	[o]	①↓ ②→								
ㅛ	[yo]	①↓ ②↓ ③→								
ㅜ	[u]	①→ ②↓								
ㅠ	[yu]	①→ ②↓ ③↓								
ㅡ	[eu]	①→								
ㅣ	[i]	①↓								

● 글자를 읽고 써 보세요.

아		야		어		여	
오		요		우		유	
으		이					

연습

1 다음을 읽어 보세요.

1) 아 야 어 여　　2) 어 여 오 요　　3) 오 요 우 유

4) 아 어 오 우　　5) 야 여 요 유　　6) 으 이 으 이

7) 어 오 어 오　　8) 어 으 아 으　　9) 오 으 우 으

10) 어 우 어 우　　11) 우 으 오 우　　12) 요 우 유 오

2 듣고 맞는 것을 고르세요. 02

1) ❶ 아 ❷ 어　　2) ❶ 오 ❷ 어　　3) ❶ 우 ❷ 으

4) ❶ 어 ❷ 여　　5) ❶ 우 ❷ 요　　6) ❶ 요 ❷ 유

7) ❶ 오 ❷ 으　　8) ❶ 으 ❷ 이　　9) ❶ 야 ❷ 유

10) ❶ 어 ❷ 여　　11) ❶ 우 ❷ 요　　12) ❶ 아 ❷ 야

3 단어를 읽고 써 보세요.

이

이

오

오

아이

아이

오이

오이

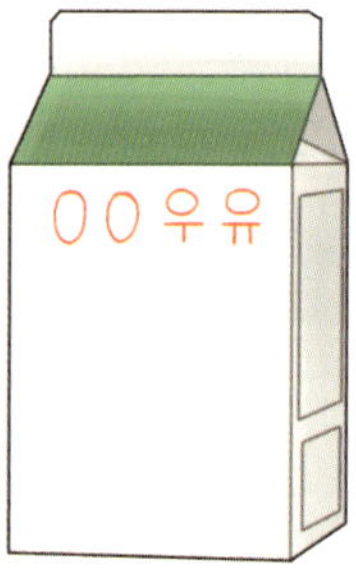

우유

우유

여우

여우

4 듣고 맞는 것을 고르세요. 03

1) ❶ 아이　❷ 아우

2) ❶ 우유　❷ 이유

3) ❶ 여유　❷ 여우

4) ❶ 으유　❷ 우유

5) ❶ 오이　❷ 아이

6) ❶ 아유　❷ 아요

5 듣고 써 보세요. 04

1)

2)

3)

4)

5)

6)

7)

8)

자음(consonant) ❶

자음	ㄱ	ㄴ	ㄷ	ㄹ	ㅁ	ㅂ	ㅅ	ㅇ
이름	기역	니은	디귿	리을	미음	비읍	시옷	이응

자음	ㅈ	ㅊ	ㅋ	ㅌ	ㅍ	ㅎ
이름	지읒	치읓	키읔	티읕	피읖	히읗

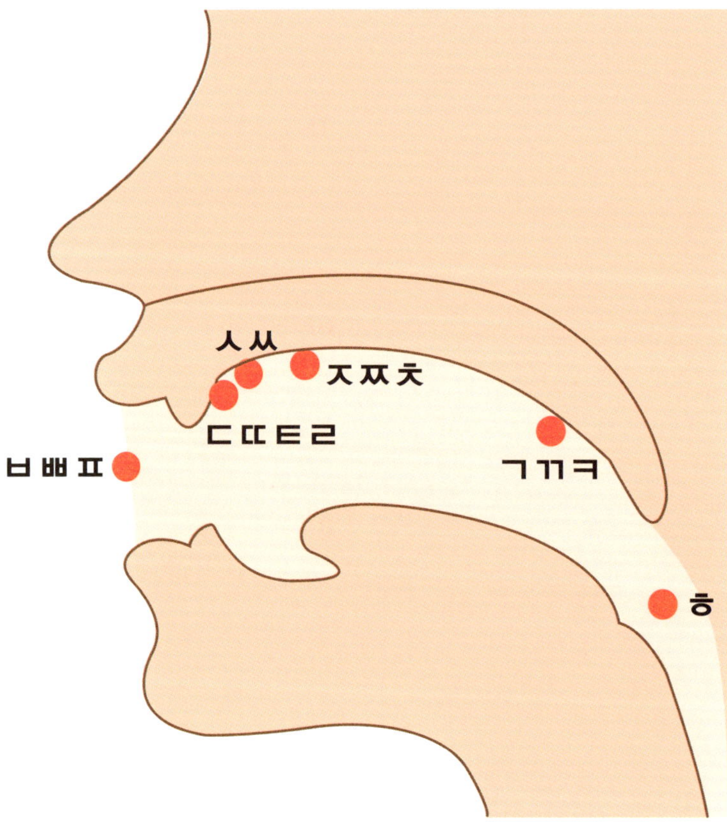

● 다음 자음을 읽고 써 보세요. 05

자음	발음	순서	연습								
ㄱ	[g/k]	ㄱ ①									
ㄴ	[n]	ㄴ ①									
ㄷ	[d/t]	ㄷ ① ②									
ㄹ	[r/l]	ㄹ ① ② ③									
ㅁ	[m]	ㅁ ① ② ③									
ㅂ	[b/p]	ㅂ ① ② ③ ④									
ㅅ	[s/ʃ]	ㅅ ① ②									
ㅇ	[ng]	ㅇ ①									
ㅈ	[j]	ㅈ ① ②									
ㅊ	[ch]	ㅊ ① ② ③									
ㅋ	[k]	ㅋ ① ②									
ㅌ	[t]	ㅌ ① ② ③									
ㅍ	[p]	ㅍ ① ② ③ ④									
ㅎ	[h]	ㅎ ① ② ③									

음절(syllable)

ㄱ	+	ㅏ	=	가
ㅍ	+	ㅛ	=	
ㅁ	+	ㅗ	=	
ㅇ	+	ㅜ	=	우
ㅎ	+	ㅕ	=	
ㅈ	+	ㅏ	=	

- 글자를 읽어 보세요.

가	나	다	라	마	바	사
아	자	차	카	타	파	하

연습

1 글자를 완성하세요.

	ㅏ	ㅓ	ㅗ	ㅜ	ㅡ	ㅣ
ㄱ						
ㄴ		너				
ㄷ						
ㄹ					르	
ㅁ						
ㅂ						
ㅅ						
ㅇ						
ㅈ			조			
ㅊ						
ㅋ						
ㅌ						
ㅍ						피
ㅎ						

2 다음을 읽어 보세요.

1) 가 고 기 구　　2) 더 뎌 도 두　　3) 가 머 부 비

4) 무 수 치 코　　5) 야 여 요 유　　6) 크 키 커 코

7) 혀 효 후 휴　　8) 저 주 사 소　　9) 초 쳐 주 즈

10) 러 부 머 수　　11) 무 머 부 보　　12) 쇼 수 슈 소

3 듣고 맞는 것을 고르세요. 06

1) ❶ 사 ❷ 자　　2) ❶ 고 ❷ 코　　3) ❶ 무 ❷ 부

4) ❶ 누 ❷ 두　　5) ❶ 수 ❷ 주　　6) ❶ 카 ❷ 타

7) ❶ 보 ❷ 포　　8) ❶ 히 ❷ 키　　9) ❶ 누 ❷ 두

10) ❶ 어 ❷ 거　　11) ❶ 지 ❷ 치　　12) ❶ 너 ❷ 러

4 단어를 읽고 써 보세요.

구두

가수

나무

나비

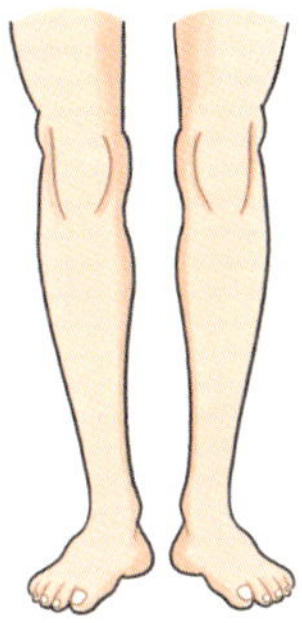

다리

비자

D-2 C-3
E-2 E-9
F-4

라디오

머리

모자

바다

비누

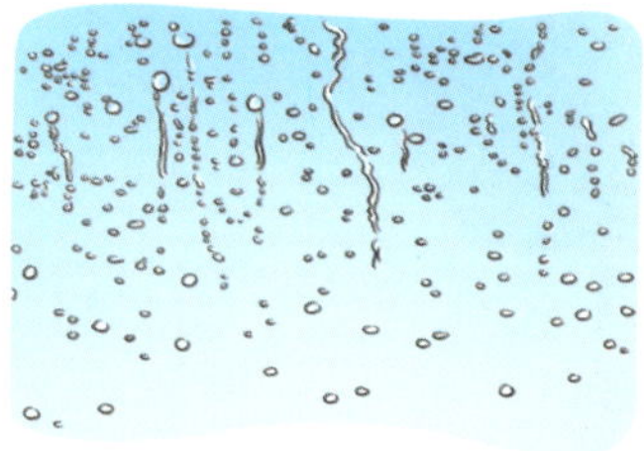

비

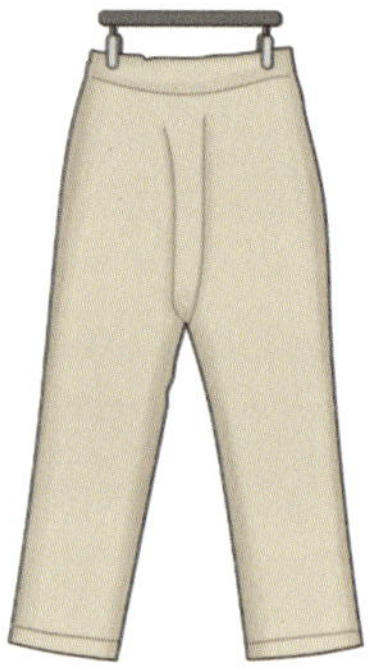

바지

사자

여자

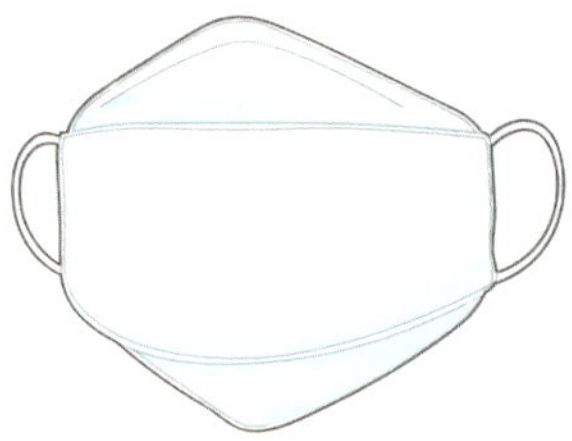

마스크

치마

커피

포도

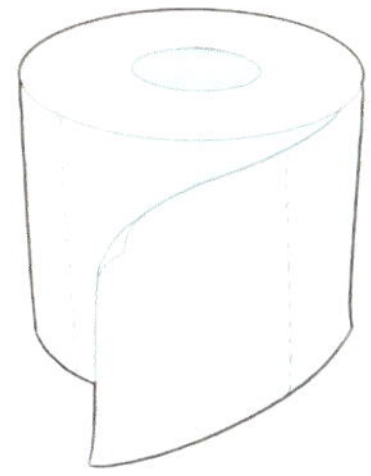

휴지

요리

어머니

아버지

하마

5 듣고 써 보세요. 07

1)

2)

3)

4)

5)

6)

7)

8)

9)

10)

11)

12)

6 단어를 써 보세요.

가	수

구	두

나	무

나	비

다	리

머	리

모	자

바	다

바	지

비	누

사	자

요	리

포	도

여	자

휴	지

하	마

비

커	피

치	마

라	디	오

어	머	니

아	버	지

마	스	크

2 모음과 자음 II

모음(vowel) ❷

모음	ㅐ	ㅒ	ㅔ	ㅖ	ㅘ	ㅙ	ㅚ	ㅝ	ㅞ	ㅟ	ㅢ
이름	애	얘	에	예	와	왜	외	워	웨	위	의

● 다음 모음을 읽고 써 보세요.

모음	발음	순서	연습
ㅐ	[ae]		
ㅒ	[yae]		
ㅔ	[e]		
ㅖ	[ye]		
ㅘ	[wa]		
ㅙ	[wae]		
ㅚ	[oe]		
ㅝ	[wo]		
ㅞ	[we]		
ㅟ	[wi]		
ㅢ	[ui]		

• 글자를 읽고 써 보세요.

새		얘		게		혜	
과		왜		되		눠	
웨		뒤		의			

연습

1 다음을 읽어 보세요.

1) 애 얘　　2) 와 과　　3) 위 의

4) 뒤 쥐　　5) 워 와　　6) 게 계

7) 왜 위　　8) 좌 재　　9) 세 솨

2 듣고 맞는 것을 고르세요. 09

1) ❶ 워 ❷ 위　　2) ❶ 왜 ❷ 와　　3) ❶ 뒤 ❷ 데

4) ❶ 개 ❷ 과　　5) ❶ 매 ❷ 위　　6) ❶ 화 ❷ 해

3 단어를 읽고 써 보세요.

시계

사과

개

돼지

회사

가위

의사

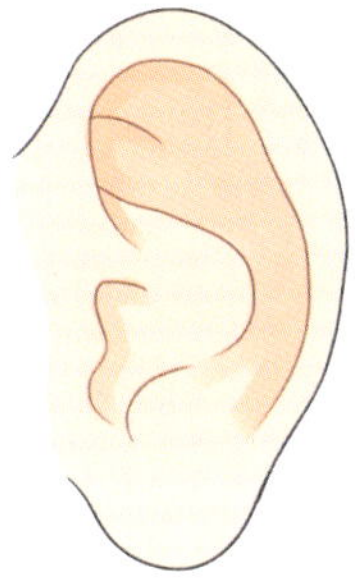

귀

의자

카메라

케이크

과자

더워요

추워요

4 듣고 써 보세요. 10

1)

2)

3)

4)

5)

6)

7)

8)

9)

10)

자음(consonant) ❷

자음	ㄲ	ㄸ	ㅃ	ㅆ	ㅉ
이름	쌍기역	쌍디귿	쌍비읍	쌍시옷	쌍지읒

● 다음 자음을 읽고 써 보세요. 11

자음	발음	순서	연습
ㄲ	[kk]	①ㄲ②	
ㄸ	[tt]	①→③→ ㄸ④ ②	
ㅃ	[pp]	①②⑤⑥ ㅃ ④ ⑧	
ㅆ	[ss]	③ ① ㅆ④ ②	
ㅉ	[jj]	③ ①ㅉ ② ④	

● 듣고 발음해 보세요. 12

1)	가	카	까
2)	다	타	따
3)	바	파	빠
4)	사		싸
5)	자	차	짜

연습

1 듣고 맞는 것을 고르세요. 13

1) ❶ 코	❷ 꼬	2) ❶ 보	❷ 뽀	3) ❶ 소	❷ 쏘
4) ❶ 처	❷ 쩌	5) ❶ 자	❷ 짜	6) ❶ 도	❷ 토
7) ❶ 타요	❷ 따요	8) ❶ 자요	❷ 짜요	9) ❶ 사요	❷ 싸요

2 단어를 읽고 써 보세요.

찌개

코끼리

오빠

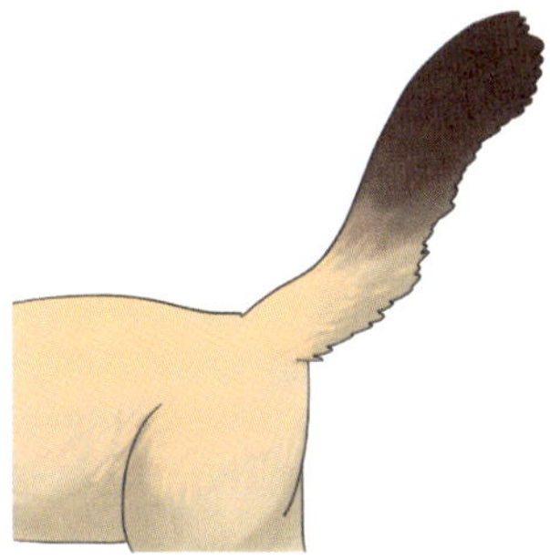

꼬리

쓰레기

뿌리

조끼

토끼

예뻐요

써요

바빠요

뽀뽀

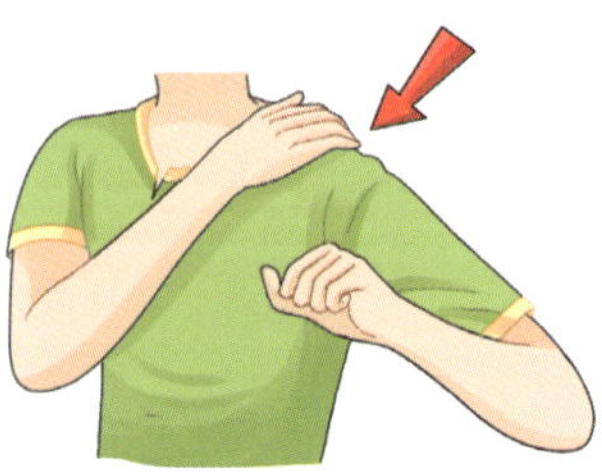

어깨

허리띠

3 듣고 써 보세요. 14

1)

2)

3)

4)

5)

6)

7)

8)

9)

10)

11)

12)

4 단어를 써 보세요.

사	과

과	자

화	가

가	위

샤	워

꼬	리

찌	개

아	빠

오	빠

아	까

귀

스	웨	터

포	도

개

게

코	끼	리

써	요

커	요

짜	요

타	요

바	빠	요

예	뻐	요

3 받침과 유용한 표현

받침(final consonant)

V　ㅇ + ㅏ = 아

V+C　ㅇ + ㅏ + ㅂ = 압 (받침)

C+V　ㅅ + ㅏ = 사

C+V+C　ㅂ + ㅏ + ㄲ = 밖 (받침)

국	눈	닫	물
곰	입	강	

받침 발음(pronunciation of final consonant)

받침	발음	예
ㄱ ㅋ ㄲ	[k]	억 엌 얶
ㄴ	[n]	손
ㄷ ㅅ ㅆ ㅈ ㅊ ㅌ ㅎ	[t]	닫 닷 닸 닺 닻 닽 닿
ㄹ	[l]	물
ㅁ	[m]	몸
ㅂ ㅍ	[p]	덥 덮
ㅇ	[ng]	강

음절(syllable)

ㅂ	+	ㅏ	+	ㄲ	=	밖
ㅅ	+	ㅗ	+	ㄴ	=	
ㅅ	+	ㅗ	+	ㅌ	=	
ㄲ	+	ㅗ	+	ㅊ	=	
ㅂ	+	ㅜ	+	ㄹ	=	
ㅆ	+	ㅏ	+	ㅁ	=	
ㅇ	+	ㅏ	+	ㅍ	=	
ㅃ	+	ㅏ	+	ㅇ	=	

연습

1 다음을 읽어 보세요.

1) 압 앞

2) 낫 낮 낱

3) 윽 읔 윾

4) 밥 밭 받

5) 솥 솟 솓

6) 남 낮 날

7) 곰 공 곧

8) 잘 잔 장

2 듣고 맞는 것을 고르세요. 15

1) ❶ 맘 ❷ 맙

2) ❶ 갈 ❷ 감

3) ❶ 산 ❷ 상

4) ❶ 숲 ❷ 숨

5) ❶ 반 ❷ 방

6) ❶ 컵 ❷ 컴

7) ❶ 문 ❷ 물

8) ❶ 돈 ❷ 돌

3 단어를 읽고 써 보세요.

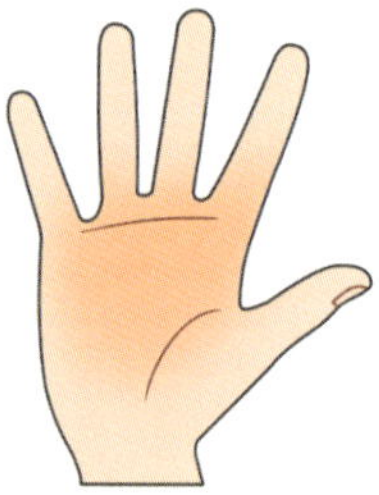

손

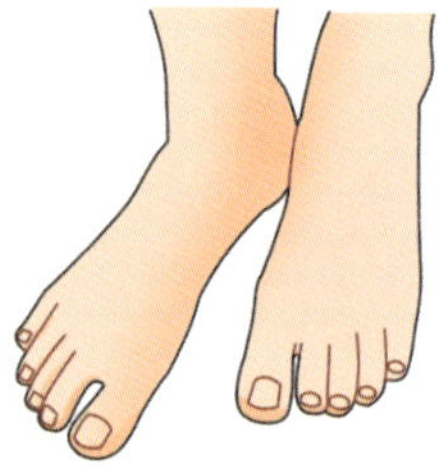

발

공

삼

집

꽃

밥

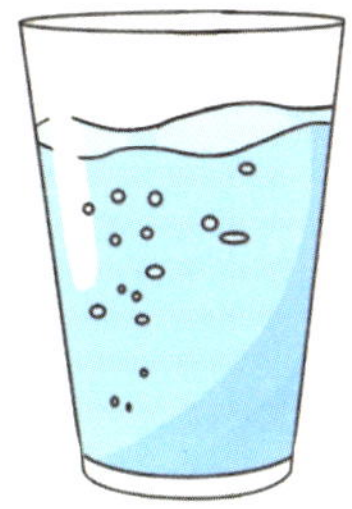

물

책

딸기

가방

부엌

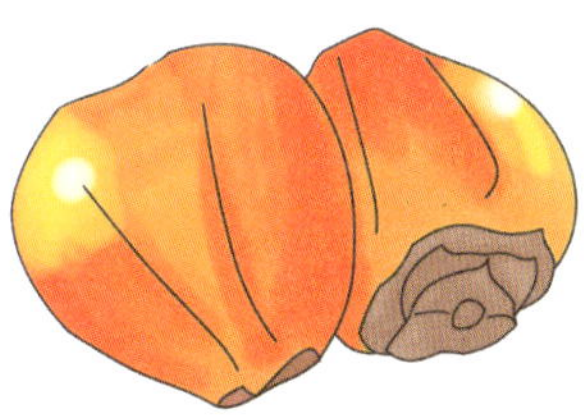

곶감

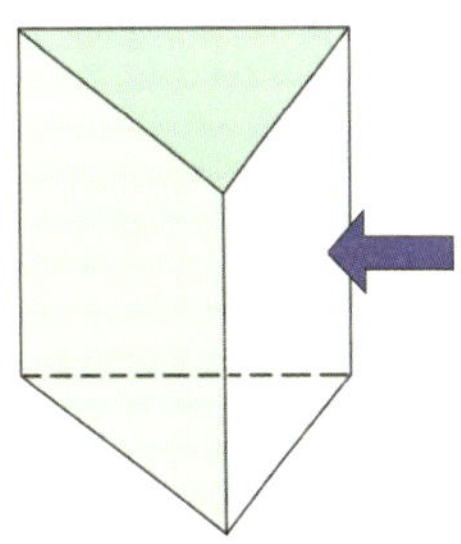

옆

우산

낚시

옷

솥

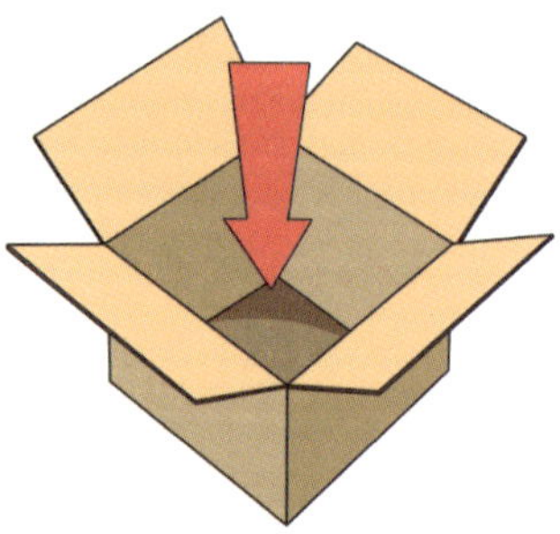

안

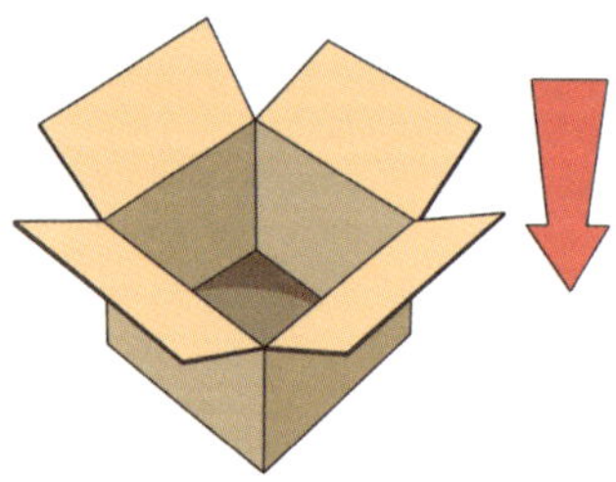

밖

지하철

택시

자전거

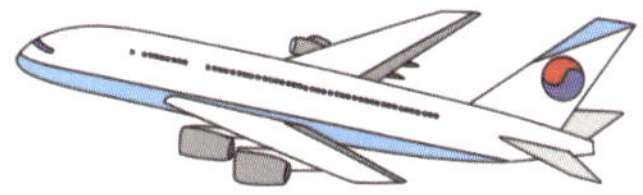

비행기

대한민국

한국 사람

4 **다음을 읽어 보세요.**

1) 얼굴 우산 냉장고 신문 김치

2) 비빔밥 불고기 냉면 떡볶이 짜장면

3) 친구 선생님 책상 연필 컴퓨터

4) 안경 가방 볼펜 지우개 연필

5) 학교 택시 화장실 지하철 밤

6) 이름 침대 국적 낚시 대한민국

7) 자전거 비행기 사회통합프로그램

5 듣고 써 보세요. 16

1)

2)

3)

4)

5)

6)

7)

8)

9)

10)

11)

12)

13)

14)

15)

16)

6 단어를 써 보세요.

얼	굴

안	경

학	생

서	울

부	산

인	천

침	대

책	상

옷	장

라	면

김	밥

원

컴	퓨	터

딸	기

물

냉	장	고

이	름

친	구

문	화

한	글

사	회	통	합	프	로	그	램

한	국

유용한 표현

인사말(greetings)

● 잘 들어 보세요. 그리고 읽어 보세요. 17

1)

2)

3)

4)

5)

6)

7)

8)

연습

1 잘 듣고 알맞은 그림을 찾아보세요. 18

1) ❶ 
❷ 

2) ❶ 
❷ 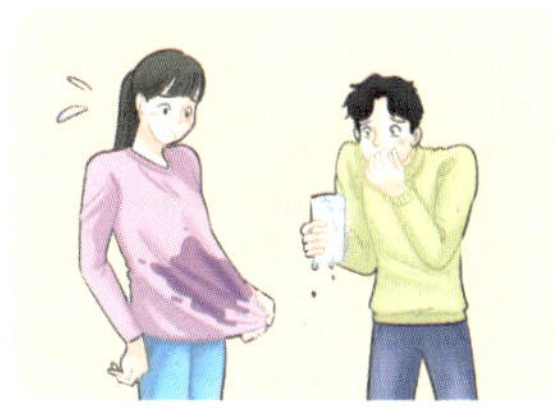

3) ❶ 
❷ 

4) ❶ 
❷ 

2 듣고 받아쓰기를 해 보세요. 19

1) 가: 안녕하세요?
나: ______________________

2) 가: 주말 잘 보내세요.
나: ______________________

3) 가: ______________________

4) 가: ______________________

수업 관련 표현 I

● 잘 들어 보세요. 그리고 읽어 보세요. 20

1) 잘 들어 보세요. Listen carefully.

2) 잘 듣고 따라하세요. Listen carefully and repeat after me.

3) 책을 보세요. Look at the book.

4) 칠판을 보세요. Look at the board.

5) 읽어 보세요. Please read.

6) 말해 보세요. Try speaking.

7) 써 보세요. Write it down.

8) 시작하세요. Let's start.

9) 여기 보세요. Pay attention.

10) 가: 질문 있어요? Do you have any question?

나: 네, 있어요. Yes, I do. / 아니요, 없어요. No, I don't.

연습

1 듣고 알맞은 것을 고르세요. (21)

1) ❶

❷

2) ❶

❷

3) ❶

❷

4) ❶

❷

2 그림에 알맞은 것을 보기 에서 골라 쓰세요.

보기 말해 보세요. 써 보세요. 읽어 보세요. 잘 들어 보세요.

1)

____

2)

____

3)

____

4)

____

수업 관련 표현 Ⅱ

● 잘 들어 보세요. 그리고 읽어 보세요. 22

1) 질문이 있어요. I have a question.

2) 안 보여요. I can't see it.

3) 칠판에 써 주세요. Please write it on the board.

4) 다시 한번 말해 주세요. Please say it one more time.

5) 천천히 말해 주세요. Please speak slowly.

6) 잠깐 나가도 돼요? Can I step out for a moment?

7) 다 했어요. I'm finished.

8) 몇 쪽이에요? What page is it?

9) 가: 맞아요? Is that right?
   나: 네, 맞아요. Yes, it's right. / 아니요, 틀려요. No, it's wrong.

10) 가: 알아요? Do you know that?
    나: 네, 알아요. Yes, I know. / 아니요, 몰라요. No, I don't know.

연습

1 듣고 알맞은 것을 고르세요. 23

1) ❶

❷

2) ❶

❷

3) ❶

❷

4) ❶

❷

2 빈칸에 알맞은 것을 보기 에서 골라 쓰세요.

보기				
	네	아니요	있어요	없어요
	알아요	몰라요	맞아요	틀려요

1) 가: 질문 있어요?

나: 아니요, ____________.

2) 가: 맞아요?

나: ____________, 맞아요.

3) 가: ____________?

나: 네, 알아요.

4) 가: 알아요?

나: 아니요, ____________.

모범 답안

1. 모음과 자음 I

15쪽

2 1) ❶	2) ❶	3) ❷	4) ❶
5) ❶	6) ❶	7) ❷	8) ❷
9) ❷	10) ❷	11) ❷	12) ❷

17쪽

4 1) ❶	2) ❷	3) ❷	4) ❷
5) ❶	6) ❷		
5 1) 이	2) 오	3) 아이	4) 오이
5) 우유	6) 여우	7) 이유	8) 여유

22쪽

3 1) ❶	2) ❷	3) ❶	4) ❶
5) ❷	6) ❷	7) ❶	8) ❶
9) ❷	10) ❷	11) ❷	12) ❷

26쪽

5 1) 나	2) 비	3) 나무	4) 머리
5) 사자	6) 여자	7) 포도	8) 휴지
9) 아버지	10) 어머니	11) 마스크	12) 라디오

2. 모음과 자음 II

29쪽

2 1) ❶	2) ❶	3) ❶	4) ❶
5) ❷	6) ❶		

32쪽

4 1) 개	2) 귀	3) 의자	4) 사과
5) 과자	6) 가위	7) 시계	8) 의사
9) 회사	10) 돼지		

34쪽

1 1) ❶	2) ❷	3) ❶	4) ❷
5) ❶	6) ❷	7) ❶	8) ❷
9) ❷			

37쪽

3 1) 코	2) 꼬	3) 또	4) 쏘
5) 오빠	6) 꼬리	7) 뿌리	8) 토끼
9) 어깨	10) 조끼	11) 허리띠	12) 바빠요

3. 받침과 유용한 표현

41쪽

2
1) ❶ 2) ❶ 3) ❷ 4) ❶
5) ❶ 6) ❶ 7) ❷ 8) ❷

46쪽

5
1) 손 2) 발 3) 공 4) 집
5) 가방 6) 딸기 7) 우산 8) 택시
9) 김치 10) 책상 11) 친구 12) 이름
13) 자전거 14) 비행기 15) 지하철 16) 냉장고

49쪽

1
1) ❶ 2) ❷ 3) ❶ 4) ❶

2
1) 안녕하세요? 2) 주말 잘 보내세요. 3) 감사합니다. 4) 죄송합니다.

51쪽

1
1) ❶ 2) ❷ 3) ❶ 4) ❷

2
1) 잘 들어 보세요. 2) 말해 보세요. 3) 써 보세요. 4) 읽어 보세요.

53쪽

1
1) ❶ 2) ❷ 3) ❶ 4) ❶

2
1) 없어요 2) 네 3) 알아요 4) 몰라요

기획 · 연구

박정아 국립국어원 학예연구관
정혜선 국립국어원 학예연구사
이슬비 국립국어원 학예연구사
박지수 국립국어원 연구원

집필진

책임 집필

이미혜 이화여자대학교 교육대학원 교수

공동 집필

이영숙 한양대학교 국제교육원 교수
안경화 서울대학교 언어교육원 대우교수
김현정 서강대학교 국제한국학선도센터 책임연구원
이윤진 안양대학교 교육대학원 교수
유해준 상지대학교 한국어문학과 교수
강유선 숙명여자대학교 아시아여성연구원 연구원
이명순 대전대학교 사회통합프로그램 강사
조항록 상명대학교 한국학과 교수
배재원 이화여자대학교 언어교육원 특임교수
정미지 아주대학교 다산학부대학 특임교수
오지혜 세명대학교 미디어문화학부 교수
박수연 조선대학교 언어교육원 교육부장
이미선 서정대학교 사회통합프로그램 강사

연구 보조원

김민정 이화여자대학교 국제대학원 강사
위햇님 서울대학교 언어교육원 강사
남미정 상명대학교 국제언어문화교육원 강사
권수진 한양대학교 국제교육원 강사
진보영 안산시외국인주민지원본부 사회통합프로그램 강사
오민수 건국대학교 언어교육원 강사
이승민 (재)한국이민재단 강사
곽은선 고려대학교 한국어센터 강사
강수진 상명대학교 국제언어문화교육원 강사

법무부 사회통합프로그램(KIIP)

한국어와 한국문화 기초

1판 1쇄 발행 2020년 12월 10일
1판 9쇄 발행 2026년 1월 20일

기획 · 연구 국립국어원
관계기관협조 법무부 출입국 · 외국인정책본부 이민통합과
지은이 이미혜 외

펴낸이 박영호, 박민우
기획팀 송인성, 김선명, 김선호
편집팀 박우진, 김영주, 김정아, 최미라, 전혜련, 박미나
관리팀 임선희, 정철호, 김성언, 권주련
펴낸곳 (주)도서출판 하우

주소 서울시 중랑구 망우로68길 48
전화 (02)922-7090
팩스 (02)922-7092
홈페이지 http://www.hawoo.co.kr
e-mail hawoo@hawoo.co.kr
등록번호 제2016-000017호

값 6,000원
ISBN 979-11-90154-81-9 14710
ISBN 979-11-90154-80-2 14710 (set)